QUELQUES MOTS

Relatifs à une Biographie récente de Madame veuve

CLICQUOT-PONSARDIN

PAR UN RÉMOIS

QUELQUES MOTS

RELATIFS A UNE BIOGRAPHIE RÉCENTE

DE MADAME VEUVE

CLICQUOT-PONSARDIN

PAR UN RÉMOIS

REIMS

CHEZ TOUS LES LIBRAIRES

Prix : 50 cent.

(Se vend au profit des pauvres)

—

1865

Tiré à trois exemplaires sur vélin

Il a paru dernièrement sous ce titre : *Monographie des vins de Champagne, Madame veuve Clicquot-Ponsardin, son histoire, celle de sa famille*, un petit livre que nous aurions certainement laissé dans l'ombre, s'il ne contenait pas, à propos du rôle qu'aurait été appelé à jouer à Reims, à l'époque de l'invasion, le père de Mme Clicquot, une erreur grave qu'il nous importe de relever.

Ce n'est point, en effet, la seule histoire de Mme Clicquot,— dont le nom européen se trouve, de notre temps, mêlé si intimement à l'industrie des vins de Champagne, — que M. Fiévet, auteur de la biographie dont je parle, a entrepris de raconter. Sans souci de cette réponse de Colbert, qui disait, un jour, à un poète-comédien de son temps : « Vous n'êtes faits, vous autres, que pour nous incommoder de la fumée de votre encens (1) ! » il ne se borne pas à ne consacrer qu'un chapitre de vingt pages à peine, dans un livre qui en contient près de deux cents, à celle que tout Reims considère comme une de ses gloires locales ; il s'étend encore, avec une complaisance toute particulière, sur la vie du père de Mme Clicquot, sur celles de son gendre, de son petit-gendre, de son associé !...

M. Fiévet restant, en cela, dans les limites de son programme, nous n'avons certes pas l'intention de nous inscrire en faux contre aucune des assertions que lui arrache son admiration, peut-être bien accentuée, pour une famille digne assurément de la sympathie et des respects de tous. Mais, à propos du rôle politique qu'eut à jouer M. Ponsardin, père de Mme Clicquot, comme maire de Reims, à l'époque de l'invasion, M. Fiévet s'ingénie à devenir historien de thuriféraire qu'il était, et ici, nous sommes en droit, sinon de modérer son zèle, du moins de faire appel à sa justice.

A entendre M. Fiévet, la ville de Reims n'aurait dû son salut,

---

(1) *Remensiana*, pag. 275.

en 1814, qu'à M. Ponsardin ; or, ce fait est si contraire à la vérité, cette assertion est tellement dénuée de fondement, qu'il nous a paru que, tout en laissant à l'auteur de la *Biographie de Mme Clicquot* l'honneur des coups de chapeau qu'il distribue si galamment à droite et à gauche, il pouvait être bon de lui rappeler que l'histoire a des inflexibilités qu'il faut savoir respecter, et que, sévère et impartiale pour tous, elle rend justice à chacun, — selon ses mérites et ses œuvres.

Nous avons le plus grand respect pour Mme Clicquot. A Reims, tout le monde rend justice à cet esprit élevé, à ce coup d'œil sûr qui la caractérisent ; mais nous sommes bien convaincu qu'elle a trop d'intelligence, de bon sens et de cœur, pour s'être trouvée fort honorée des éloges que M. Fiévet distribue si lourdement à elle et aux siens, et que le livre qui les contient lui sera certainement tombé des mains, lorsque ses doigts, en le feuilletant, seront arrivés à cette histoire de si haut goût qui termine le volume, et dont l'auteur, oubliant sans doute qu'il avait inscrit au frontispice de son œuvre le nom d'une femme, se sert comme d'une auréole pour mieux entourer son coup de plume final.

L'honneur d'avoir sauvé Reims, à deux reprises différentes,

du pillage et de la ruine, revient à M. Andrieux, alors adjoint au maire, qui eut, avec son digne acolyte, M. Assy-Villain, à remplir alors les fonctions les plus délicates et le rôle le plus périlleux. M. Ponsardin avait quitté la ville, s'était retiré au Mans, et ne revint à Reims, que lorsque tout danger fut passé (1).

Que M. Ponsardin ait ou non obéi, à cette époque, à un ordre de l'Empereur, lui enjoignant de quitter Reims,— comme l'insinue l'auteur de la *Biographie de Mme Clicquot*, dans des pages, d'ailleurs, assez peu claires, — ou qu'il ait cru devoir, de sa propre autorité, quitter la ville, pour ne pas exposer sa dignité de maire au contact des Russes, c'est ce que nous n'entendons pas apprécier. Ce qui est positif, c'est que M. Ponsardin n'était pas à Reims lors de la venue des Cosaques, et que ce n'est pas à lui que la ville doit,—selon l'expression de M. Fiévet, — « de n'avoir pas été un monceau de ruines. »

(1) Voir, dans les archives de la ville, la proclamation au roi Louis XVIII, signée de notables de Reims, dans laquelle on explique qu'au moment du départ de M. Ponsardin, l'administration avait été confiée au premier et au troisième adjoint.

Les alliés entrèrent à Reims non pas le 16, mais bien le 6 Février 1814. Le gros de l'armée russe n'arriva que le 16, en effet, mais dès les premiers jours du mois, il avait fallu rendre la ville à trois officiers de hulans, arrivant avec une escorte de 200 cavaliers, et déclarant que 40,000 hommes les suivaient.

M. Andrieux n'hésita pas à leur ouvrir les portes de Reims, car il préférait assumer sur sa tête la responsabilité d'un pareil acte, plutôt que d'exposer sa chère ville natale aux horreurs d'un siége qui, dans une cité comme Reims, mal défendue par ses remparts et dépourvue de garnison, n'aurait pas duré vingt-quatre heures.

Dans ces circonstances douloureuses, investi par le départ de M. Ponsardin du rôle de premier magistrat de la cité, il lui fallut faire face à tout, déployer la plus rare énergie, satisfaire à la fois aux exigences des alliés et à la juste susceptibilité de ses concitoyens. Ce qu'il dut alors déployer de calme, de tact, de sang-froid, de véritable habileté, de vrai courage civique, c'est ce que personne, à Reims, n'a jamais contesté, et ce que M. Fiévet semble pourtant ignorer.

M. Andrieux, assisté de la commission administrative, dut, en quelques jours, trouver des logements, des fourrages et des vivres pour une armée d'invasion tous les jours grossissante.

Il eut à réprimer à la fois, et les excès des Cosaques, et la légitime indignation des Rémois humiliés.

Il dut affronter la colère de Bonaparte, après la reprise de Reims par les Français, le 5 Mars, et aller rendre compte à l'Empereur, que ses revers exaspéraient, de la manière dont les choses s'étaient passées dans la ville, depuis le 6 Février jusqu'au 5 Mars (1).

Ici se placent deux épisodes bien dignes, croyons-nous, d'être racontés.

MM. Andrieux et Assy-Villain, troisième adjoint, avaient été mandés, et en quelque sorte amenés de force à Berry-au-Bac, où

---

(1) Voir, à la bibliothèque de la ville, la biographie de M. Ponsardin et les *Mémoires manuscrits sur Reims*, de M. Lacatte, fol. 2 (1793 à 1730).

se trouvait Napoléon. Leurs familles ne les avaient pas vu partir sans trembler. Allaient-ils donc être déclarés responsables de l'invasion de la ville, par l'homme qui jouait alors, sur une dernière carte, une partie dont l'indépendance de la France était l'enjeu?... Toute la colère de Bonaparte s'exhalait alors dans des scènes de la dernière violence ou dans des paroles amères. On lui annonça le maire de Reims. Il était debout devant la grande cheminée de cette auberge d'occasion où brûlait un feu noir.

— Ah! ah! Monsieur le Maire de Reims, dit-il d'un ton sarcastique, je suis bien aise de vous voir.

Et, se tournant avec une vivacité singulière vers les deux représentants de la ville :

— J'en apprends de belles sur votre compte, continua-t-il avec un emportement visible. Il paraît qu'on s'amuse à Reims; on danse, on joue la comédie, pendant que l'ennemi occupe la ville...

— Sire, dit M. Andrieux, en pays conquis, les vainqueurs ordonnent...

— Je pourrais faire des exemples terribles, continua l'Empereur, qui n'écoutait même pas son interlocuteur ; j'aime mieux donner une leçon aux dames de Reims... Vous allez retourner dans votre ville, Monsieur le Maire ; vous prendrez quatre filles des rues, et vous les ferez battre de verges aux quatre coins de la ville... Entendez-vous ?

— Sire, dit M. Andrieux, j'ai l'honneur d'être le maire de Reims, mais je n'en suis pas le bourreau.

Napoléon lui lança un de ces regards qui pouvait être un arrêt de mort; mais, frappé sans doute de ce calme inaltérable et de cette grande dignité, il se retourna brusquement en le congédiant de la main.

La ville fut reprise par les alliés le 13 Mars. Les Russes, cette fois, étaient bien maîtres d'anéantir la ville, et s'ils ne le firent pas, ce fut grâce encore au dévouement de M. Andrieux.

Un envoyé russe était venu dire au chef de la cité que vingt mille hommes campaient au Mont-d'Arène, et que, si la ville essayait seulement de se défendre, que si un seul coup de fusil était tiré, que si elle ne se rendait pas à discrétion, que si elle ne s'engageait pas à assurer, pendant plusieurs semaines, la nourriture et les vivres de 20,000 soldats et de 6,000 chevaux,

— et cela dans le délai de douze heures, — le général en chef, lui, en accorderait vingt-quatre à ses hommes pour mettre la ville à sac.

Que faire? Il était six heures du soir. L'envoyé russe était reparti. Les minutes comptaient alors pour des heures. M. Andrieux comprit que le salut de tous dépendait de l'énergie d'un seul. Bien convaincu que toute résistance était impossible ; persuadé, d'ailleurs, qu'il ne pouvait s'engager à fournir au nom de la ville, en douze heures, les vivres et les fourrages demandés, il prit le parti d'aller en personne en appeler à la justice et à la clémence des vainqueurs. Comment serait-il sûr, d'ailleurs, que des coups de fusil ne répondraient pas, le lendemain, de l'intérieur de la ville, aux premiers feux des alliés ? et à quels excès ne se porteraient pas alors vis-à-vis de Reims des ennemis irrités ?

Sans rien dire à personne, après avoir embrassé sa femme, ses enfants, M. Andrieux se dirige seul vers le rempart de la porte Mars, le gravit, et là, agite par-dessus le mur le mouchoir blanc des parlementaires. Les avant-postes ennemis sont à quelques portées de fusil à peine des murs de la ville ; les premières sentinelles aperçoivent distinctement le maire de Reims, malgré les ombres de la nuit qui commençait à tomber : un officier se détache immédiatement des premiers rangs et arrive jusqu'au rempart. M. Andrieux le supplie d'obtenir pour lui une entrevue du général en chef ; il veut seulement demander à celui qui commande aux forces alliées un délai de vingt-quatre heures, au lieu de celui de douze dont on a parlé.

En ce moment, un malheureux, qui s'était glissé derrière M. Andrieux et qui, armé d'un fusil, s'était traîné jusqu'à lui, lève son arme, vise l'officier russe et l'étend raide mort.

Qu'on juge de la fureur des alliés! Croyant à un guet-à-pens, ils se ruent en désordre vers leurs chevaux et leurs armes. On sonne le boute-selle ; tous se précipitent vers la ville.

La porte s'ouvre alors, et un homme, sur lequel elle se referme aussitôt, paraît seul, les larmes dans les yeux et dans le cœur, agitant toujours un mouchoir blanc et demandant en grâce à être conduit devant le général en chef. Les soldats furieux l'entourent, le menacent : ils veulent le massacrer.

Arrivé devant le général, cet homme se jette à ses pieds, l'implore, l'adjure de ne pas rendre la ville entière responsable du crime d'un seul, lui affirme que la main qui a tué le parlementaire lui est inconnue, et demande comme seule grâce qu'on accorde à la ville vingt-quatre heures, au lieu de douze, pour assurer les vivres des alliés. Il prend l'engagement qu'aucune défense ne sera faite, que la ville se rendra sans coup férir, et obtient du général que ni les habitants, ni les beaux monuments de Reims ne seront outragés. Touché, en effet, par les larmes et l'accent de vérité de celui qui l'implorait, le général venait de lui promettre qu'il serait fait selon son désir. Il force, toutefois, son courageux visiteur à monter sur une chaise, et à répéter à tous ses officiers, qui brûlaient du désir de venger la mort de leur camarade, qu'un horrible malentendu a eu lieu. Il le fait ensuite reconduire jusqu'à la porte Mars, qui se referme bientôt sur lui. Cet homme, c'était M. Andrieux (1).

Hélas ! le peuple, à Reims, a gardé le souvenir de ce beau dévouement ; mais d'autres l'oublient, puisqu'à plusieurs reprises, M. Fiévet, dans sa *Biographie de Mme Clicquot*, revient sur les mérites civiques de M. Ponsardin, et lui attribue l'honneur d'avoir alors épargné à la ville de Reims ce qu'il nomme « une ruine définitive. »

La mémoire de M. Andrieux est restée trop pure pour que

---

(1) Voir le discours prononcé sur la tombe de M. Andrieux par M. Dérodé-Géruzez, Novembre 1835, reproduit par le journal du temps.

l'oubli de son nom même, dans le récit de M. Fiévet, puisse en rien altérer le sentiment de reconnaissance que lui ont voué les Rémois. Mais l'histoire a des droits, et il faut toujours savoir les faire respecter.

« *Sic vos non vobis*, »—dit quelque part, dans son opuscule, M. Fiévet, en empruntant le mot de Virgile ; — « sentence fatale
» qui se réalise à chaque heure de la vie de l'homme. Vous
» bâtissez la maison, d'autres s'y installent ; vous remplissez
» la coupe, ce ne sont pas vos lèvres qui l'épuisent!... »

C'est vrai : sur ce point, nous sommes d'accord avec M. Fiévet, et loin de le contredire, nous applaudissons à sa citation.

Ecrire l'histoire avec impartialité, c'est remplir en quelque sorte un sacerdoce ; — mais l'écrire d'une certaine manière, ce n'est plus même tenir une plume, lo'est agiter un encensoir.

Reims, Imprimerie de P. DUBOIS & Cie, rue Pluche, 24.

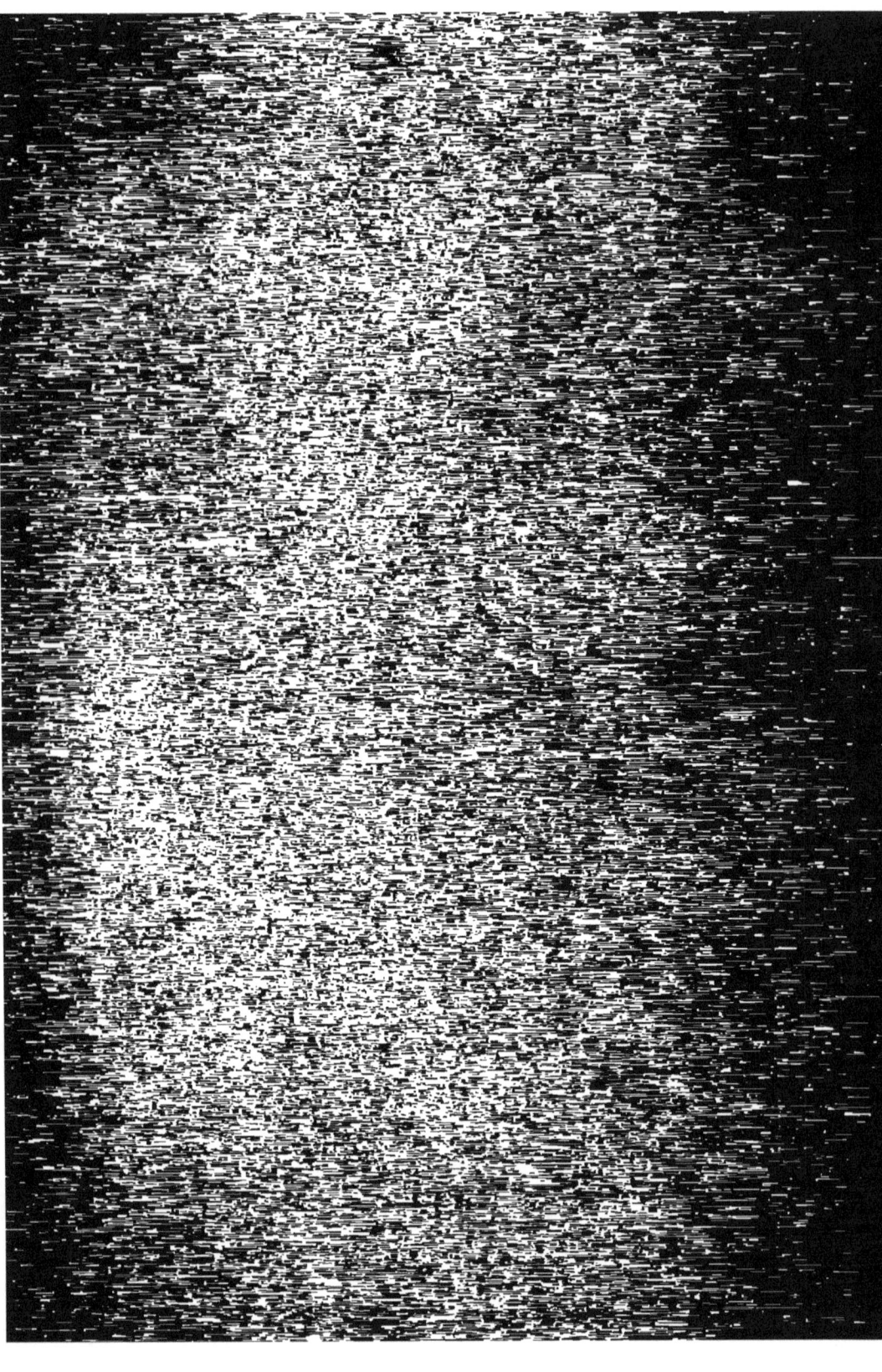

www.ingramcontent.com/pod-product-compliance
Lightning Source LLC
Chambersburg PA
CBHW060451050426
42451CB00014B/3259